El Arte de Conquistar el Éxito

25 claves para lograrlo

Pedro Ariel Serpa

Copyright © 2012 Pedro Ariel Serpa
Todos los derechos reservados.
ISBN:

CONTENIDO

I. EL ÉXITO

1. Cree en ti Mismo

2. Ten Claras tus Metas

3. Conócete Bien

4. Apasiónate por lo que Haces

5. Mantener la Perspectiva

6. Rodéate de Personas Positivas

7. Edúcate

8. Vive el Momento

9. Cuida a tu Familia

10. Se Organizado

11. Trata Bien a los Demás

12. Se Paciente

13. Vence el Miedo a Equivocarte

14. Autocontrol

15. Se Humilde

16. Define tus Objetivos

17. Cuida tu Salud

18. Inteligencia Emocional

19. Ten Mentalidad Positiva

20. No Rendirse

21. Adaptación al Cambio

22. La Resiliencia

23. Ten Empatía

24. Determinación

25. Arriésgate

II. EXPERIENCIAS

1. Bill Gates

2. Mark Zuckerberg

3. Steve Jobs

4. Elon Musk

5. Jeff Bezos

6. Howard Schultz

7. Andrés Moreno

8. Henry Ford

9. Warren Buffett

10. Walt Disney

11. Soichiro Honda

12. Kevin Systrom

13. Otras Historias

III. GLOSARIO

En todo momento, en cada etapa de nuestras vidas se habla de éxito, este es un concepto ligado a nuestra vida personal, profesional, amorosa, económica, etc.; y aunque no representa lo mismo para todas las personas, si se orienta al logro de objetivos y metas; podría definirse como un sentimiento de gusto y satisfacción consigo mismo.

No podemos asegurar cual es el camino que te lleva al éxito, pero si se han establecido algunas pautas que te ayudan a enfocarte en el camino correcto; y ahora es momento de preguntarte ¿Verdaderamente quieres éxito en tu vida? ¿Estas dispuesto a tomar acción para alcanzar el éxito y vivir la vida que anhelas? Pues te recomiendo leas con detenimiento los tips que se plasman en este libro; estas recomendaciones te serán de gran ayuda y te permitirán llegar a la cima del éxito que tanto anhelas.

I. EL ÉXITO

El éxito es algo que todos en algún momento de nuestras vidas hemos deseado; no todos toman acción, algunos solo se quedan soñando con ello, y muy pocos logran lo que tanto anhelan.

En este libro no podremos brindarte un plan definitivo para conseguir la victoria, porque no existe una formula mágica que garantice el éxito, pero si te expondremos veinticinco (25) claves que te ayudaran a alcanzar cualquier meta que te propongas, las cuales incluyen hábitos y habilidades que debes poner en práctica en tu vida diaria. Además te compartiremos historias de personas exitosas que pueden inspirarte a seguir tu camino al éxito.

No esperes mas, comienza hoy, vence los obstáculos que se te presentan en el camino y que te impiden obtener aquello que tanto deseas. Si eres contante veras el cambio y por ende los resultado que tanto esperas.

1. CREE EN TI MISMO

"El amor y la aceptación hacen que cada persona saque lo mejor que lleva dentro"

Creer en ti mismo es fundamental para acercarte al éxito; es necesario que tengas una gran autoconfianza; porque cuando uno mismo se acepta y cree en sus posibilidades se transforma y todo lo que pudo parecer difícil, se hace más fácil.

Para enfrentar los retos de la vida y para que puedas perseguir tus sueños es necesario que confíes en ti, en tus ideas, en tus talentos y habilidades; solo tu sabes y nunca puedes olvidarte de todo lo que tienes y lo que eres capaz de realizar.

Es muy importante que creas en ti mismo, porque si no crees en ti es muy difícil que puedas alcanzar el éxito; quien no tiene autoconfianza terminara rindiéndose ante los retos de la vida.

Por esto queremos regalarte unos tips para que aumente

tu confianza en ti mismo.

- ***Mantén buenos niveles de autoestima.*** Si no te valoras o te sientes poca cosa, no tendrás el coraje que necesitas para emprender y enfrentar tus proyectos.

- ***Recuerda tus éxitos.*** Recuerda siempre tus éxitos, esto te mantendrá motivado para que puedas alcanzar todo lo que te propongas.

- ***Enfócate en tus virtudes.*** Al enfocarte en tus virtudes podrás enfocarte más en las cosas positivas y ser más optimista, permitiendo que veas más oportunidades que barreras.

- ***Elógiate a ti mismo.*** Siempre que hagas algo bien, elógiate, date el crédito, alágate, ya que esto aumenta tu autoestima y te dará la confianza para que sigas enfrentando nuevos retos.

- ***Sácale lo positivo a lo negativo.*** En cada experiencia negativa que enfrentes, no te ahogues en lo malo que suceda, busca siempre lo positivo que pueda salir de allí, y sácale provecho.

2. TEN CLARAS TUS METAS

"Establecer metas es el primer paso para convertir lo invisible en visible"

Es importante que establezcas metas y objetivos claros, tener conciencia de lo que quieres te será de gran ayuda para hacer realidad tus sueños.

Establecer metas es clave, ya que te da un enfoque un sentido, un significado, un propósito a tus acciones.

Recuerda que las metas que te plantees deben ser:

- ***Elegidas por ti;*** es importante que las metas que te plantees estén basadas en tus deseos, sentimientos, valores y necesidades; no que sean impuestas por alguien más o por la cultura, ya que no contaras con la motivación, la energía y la constancia necesarias para hacerlas realidad.

- ***Claras y especificas;*** mientras más claras sean tus metas, mayor será la posibilidad de hacerlas realidad;

debes tener claro hacia dónde vas, cuales son los pasos que debes seguir, etc. recuerda en ves de decir "Voy a hacer ejercicio" di "Voy a hacer una rutina de 1 hora a las 7:00 am, los días lunes, miércoles y viernes".

- *Exprésalas en primera persona*; es importante que te apropies de tus metas, son tus metas, de nadie más, recuerda que estas surgen de tus necesidades y deseos.

- *Realistas*; recuerda que existen cosas que se encuentran fuera de nuestro alcance, cosas que no dependen de nosotros, por eso es importante que establezcas metas realistas, que se encuentren dentro de tus posibilidades.

- *Medibles*; es recomendable que dentro de las metas que te plantees cuentes con pequeños pasos concretos que se pueden medir para saber si estamos logrando buenos resultados. Por ejemplo, no tendrás el mismo impacto si dices "Quiero adelgazar" a si dices "Voy a bajar 500 gramos a la semana"

- *Importante*; es necesario que las metas que te coloques sean importantes, ya que si no representan algo valioso para ti, seguramente te va a faltar la motivación necesaria para lograrlas.

- *Motivante*. Las metas que te planteas deben hacerte sentir motivada, para que puedas dedicarle el tiempo y la energía necesarios para trabajar en conseguirlas.

3. CONÓCETE BIEN

"La mejor sabiduría que existe es conocerse a sí mismo"

Conocerte a ti mismo no es una tarea fácil, pero es muy importante que lo hagas, que te aceptes y que te valores.

Tomate el tiempo de descubrirte a ti mismo, familiarízate con el origen de tus ideas, reconoce tus fortalezas y debilidades, asume tus errores y trata de corregirlos, identifica claramente tus sentimientos y emociones, identifica tus miedos y trabajar para superarlos, todo esto te permitirá vivir en mayor armonía contigo mismo y encaminar tus acciones en lo que quieres lograr.

A continuación encontraras 30 preguntas que debes responderte con total sinceridad, lo que te permitirá saber que tanto te conoces.

- ¿Estás haciendo realmente lo que quieres, o simplemente te conformas con lo que haces?

- ¿Te consideras una persona emocionalmente inteligente?
- ¿Podrías decir tres virtudes que posees? ¿Cuáles?
- ¿Podrías decir tres defectos que posees? ¿Cuáles?
- ¿Qué crees que gusta más de ti a los demás?
- ¿Qué crees que gusta menos de ti a los demás?
- ¿Tienes miedo a la incertidumbre?
- ¿Qué es eso que sabes que haces diferente de las demás personas?
- ¿Eres matutino o vespertino?
- ¿Cómo te gustaría estar dentro de 10 años?
- ¿Cuál es tu mayor sueño?
- ¿Qué te hace sentir orgulloso de ti mismo?
- ¿Te arrepientes de algo en esta vida?
- Del 1 al 10 ¿Qué tan feliz te consideras?
- Si pudieras ¿Qué cambiarias de este mundo?
- ¿Serias infiel?
- ¿Dónde te gustaría vivir?
- ¿Cuál es tu libro favorito?
- ¿Cuál es tu película favorita?
- ¿Qué animal te gustaría ser?

- ¿Cuál es el estado de ánimo que menos te gusta?
- ¿Qué deseo te queda por cumplir?
- ¿Has cumplido todas tus fantasías sexuales?
- ¿Qué actitudes te hacen desconfiar de otras personas?
- ¿Crees que tienes una buena autoestima?
- ¿Qué áreas de tu vida te gustaría mejorar?
- ¿Cuál sería un buen título para tu autobiografía?
- ¿En qué momentos estarías dispuesto a mentir?
- ¿Cuál es tu mayor miedo irracional?
- ¿Cuál es el recuerdo más significativo que tienes de tu infancia?

Además, te recomiendo que dejes que tu esencia se exprese sin ningún temor, que no te preocupe lo que opinen de ti; se fiel a ti, a tus pensamientos y a tus sentimientos; demuéstrate lo mucho que te amas; solo así podrás sacar lo mejor de ti mismo.

4. APASIÓNATE POR LO QUE HACES

"La pasión es la clave de la perseverancia y el motor para lograr el éxito"

Si no te apasionas por lo que haces, difícilmente podrás llegar a ser el mejor en ello; la pasión hace que perseveres, te da fuerzas para alcanzar el objetivo propuesto, ten siempre presente que si haces algo que no te gusta, malgastaras tu tiempo, no lograras satisfacción personal ni profesional.

Cuando se siente y se descubre la pasión que hay en ti, nada ni nadie podrá detenerte; si aún no encuentras este sentimiento en tu vida, es momento de que empieces a buscarlo, no te sientes a esperar que llegue, búscalo, porque tarde que temprano lo vas a encontrar.

Cuando emprendes algo, puedes enfrentarte a procesos difíciles, arduos e inciertos; aquí el amor y la pasión por lo que haces te ayudan a soportar los obstáculos que se presentan y seguir adelante.

5. MANTENER LA PERSPECTIVA

"Nuestra perspectiva es la llave de nuestro bienestar, pero también de nuestro éxito o fracaso."

La forma como vemos la vida y las diferentes situaciones que se presentan es fundamental para las acciones que se emprenden y los resultados que se obtienen. Mantener la perspectiva se convierte en un pilar fundamental para recorrer el camino al éxito, por ello a continuación te damos unos tips para saber cómo poner las cosas en perspectiva.

En primer lugar es importante detenerse y considerar todas las cosas pregúntate ¿Cómo estás? ¿Cómo te sientes? ¿Qué ha pasado? ¿Por qué creo que esto sucede? ¿Qué puedo hacer? ¿Cuáles pueden ser las consecuencias de cada acción a realizar?

Recuerda que hay algunas cosas están fuera de tu control, fuera de tu alcance y lo mejor que puedes hacer es aceptarlo, no desgastar tus energías en aquello que no puedes cambiar; en este punto es importante que reconozcas tu papel en la situación, puedes hacer o no algo para cambiar lo que sucede; si esta en tus manos, actúa; de lo contrario, si no puedes cambiar las cosas, al menos trata de encontrarle algo positivo, para que se te haga más fácil sobre llevarlo; y evalúa si existe alguna otra ruta que te evite estar en esa situación que no puedes controlar.

Se honesto contigo mismo, haz un listado en el que tomes en cuenta las diferentes perspectivas que pueden darse, analiza como aportan y como afectan tu vida y tu entorno, esto te ayudara a tomar mejores decisiones.

Lo que si no puedes dejar de lado es el positivismo, porque una perspectiva negativa te hará sentir que nunca se darán las cosas, veras el futuro con desesperanza y esto claramente no te ayudara a alcanzar el éxito.

Que las metas que te fijes sean alcanzables, no importa si las metas pequeñas y las vas incrementando a medida que vas logrando pequeños retos.

6. RODÉATE DE PERSONAS POSITIVAS

"No olvides estar al lado de grandes personas, esto te dará la posibilidad de conseguir grandes resultados."

Las personas que te rodean habitualmente influyen de manera directa en tu forma de ser y de sentirte; si te rodeas de personas positivas tu bienestar y tu calidad de vida pueden aumentar de manera significativa.

Para alcanzar el éxito es fundamental que tengas una actitud positiva, por lo que rodearte de personas que irradien optimismo y entusiasmo será de gran ayuda.

Si deseas rodearte de personas positivas, aprende a identificarlas, dado que no se trata solamente de que las veas felices, con una sonrisa en su rostro; sino que estas personas deben ser capaces de hacer que sus días y los de las personas que los rodean sean buenos, y, quiero dejar en claro que no se trata de personas que ignoren la realidad, simplemente son personas que saben buscar el lado positivo de la vida, quedarse con lo bueno y alejar todo aquello que no valga la pena.

Si quieres ser una persona positiva no te dejes contaminar por situaciones o actitudes negativas, enfócate en lo positivo, rodéate de personas que puedan:

- Cambiar tu forma de ver la vida; que te hagan creer en ti, que hagan que valores y explotes tus mejores cualidades.

- Hagan tu vida más alegre, que te alejen de cosas que no valen la pena y logren poner una sonrisa en tu rostro.

- Que te ayuden a tomar decisiones útiles, realistas y positivas, que crean en una vida de esperanza.

- Personas que te ayuden a desechar situaciones negativas, que en todo momento te animen y apoyen.

7. EDÚCATE

"La educación es el arma más poderosa que puedes usar para cambiar el mundo."

La educación es una herramienta que nos brinda la oportunidad de fortalecer nuestros talentos, y nos brinda las habilidades necesarias para pensar y resolver problemas por nuestra propia cuenta.

Con la educación se abordan dos aspectos de la psiquis que son la inteligencia analítica y por otro lado la inteligencia emocional; ambas muy necesarias para alcanzar el éxito.

La inteligencia analítica es la que te da la capacidad de resolver problemas técnicos, mientras que la emocional te da la capacidad de empatizar, comunicarte y conectarte con las otras personas.

Si bien la educación no puede garantizar el éxito, pero te

puede proporcionar mejores oportunidades, si lo que aprendes en los diferentes niveles educativos, lo pones en práctica en el mundo real, podrás encontrar el camino al éxito; claramente este no es el único requisito, pero sumado con otros aspectos, te será de gran ayuda.

Son muchas las personas exitosas alrededor del mundo que alcanzaron la cima del éxito sin tener formación profesional, incluso algunos ni siquiera cursaron niveles básicos de educación; pero esto no quiere decir que tu debas hacer lo mismo, edúcate, fortalece esas habilidades que tienes y que pueden ayudarte a alcanzar el éxito.

La educación es verdaderamente uno de los instrumentos más poderosos para reducir la pobreza y la desigualdad, además te puede abrir muchas puertas; por lo tanto no cierres la posibilidad a invertir en educarte, en fortalecer tus aptitudes y tus conocimientos, esto puede serte de gran ayuda en tu recorrido por encontrar el éxito.

8. VIVE EL MOMENTO

"La vida es un ratico, así que vívela con intensidad."

Son muy pocas las personas que viven plenamente los diferentes momentos que experimentan a lo largo de su vida; si no eres feliz con lo que ocurre en el "Ahora" déjame decirte que hay problemas.

Muchas personas se pasan toda su vida imaginando como serian de felices si tuvieran esto o aquello; y dejan de vivir y ser felices con el ahora; y es que no es malo visualizar situaciones ideales o ser feliz evocando aquello que ya paso; pero debes enfocarte en el presente para poder llegar a un futuro exitoso, sino todo se quedara en planes y sueños.

Vivir el momento es aprender a reconocer cada una de tus emociones y sentimientos, tomando control sobre ellos y experimentar a plenitud lo que se presenta.

A continuación te regalaremos tres consejos que te ayudaran a vivir el momento:

- No puedes controlar todo lo que pasa, aunque esto hace parte de nuestro instinto de supervivencia, a veces dejamos de vivir y disfrutar nuestro presente, por preocuparnos por lo que va a pasar, y recuerda, no podemos anticiparnos a todo lo que puede ocurrir. La clave es tomar conciencia y aprender a ser tolerantes con lo incierto.

- Soltar las cargas del pasado, también es muy necesario, muchas personas se quedan viviendo en recuerdos maravillosos que los hicieron felices, o lamentándose por errores del pasado. Aprende a tomar los aprendizajes de cada momento, a cerrar ciclos y no llevar cargas que te limiten para sentir y disfrutar tu presente.

- Finalmente destacar la meditación como una herramienta muy útil para vivir el momento; este es un ejercicio en el que aprendes a poner total atención a lo que sientes y piensas en el momento presente.

La invitación es a poner plena atención a todo lo que hagas en cada momento y disfrutes de cada día de manera consiente, despierta y atenta.

9. CUIDA A TU FAMILIA

"La familia es la brújula que nos guía, la inspiración para llegar a grandes alturas."

El mejor escenario para el desarrollo y el crecimiento personal es una familia estable, quienes cuentan con una familia estable tienen mayor esperanza de vida y presentan menores índices de padecer enfermedades mentales, alcoholismo o violencia doméstica.

Está claro que la familia es el núcleo fundamental de la sociedad y contribuye de manera decisiva en el desarrollo integral de las personas, es aquí donde cada individuo unido por los lazos de sangre y de afinidad logra proyectarse y desarrollarse.

Es en el contexto familiar, que desde que somos niños y a través de la convivencia que se da en este entorno que las personas adquirimos habilidades y valores que nos ayudan a superarnos, a fortalecer nuestra identidad, a comunicarnos y relacionarnos con la sociedad; y todo esto lo replicamos cuando conformamos nuestra propia familia.

Se ha podido establecer que existe una relación significativa entre hacer parte de una familia fuerte, unida y funcional; y la participación en la sociedad de manera sólida y prospera.

Las personas que habitan en una familia estable y feliz le permiten aceptarse cuál es, desarrolla autoconfianza y capacidad para reconocerse a sí mismo y valorar al otro por como es.

Todo esto nos ratifica que la familia es el vínculo social más importante para una persona, le brinda una estabilidad que le ayudara de manera significativa en el recorrido del camino al éxito, por eso queremos regalarte algunos pasos para fortalecer la estabilidad familiar que es tan necesaria en la vida.

- Desarrolla una comunicación asertiva en el hogar; expresa tus inquietudes y opiniones de manera adecuada para que puedas asegurar un ambiente familiar relajado y funcional; evita enfrentamientos acudiendo a una actitud positiva, mesurada y tranquila al momento de entablar conversaciones con los demás integrantes de la familia. Además escucha de manera atenta a los demás, recibe sus opiniones con respeto y ten en cuenta de manera oportuna y positiva todos sus aportes en pro de la construcción de una familia cada vez mejor.

- Brinda espacio y respeta la intimidad, cada persona en la familia necesita su espacio, su tiempo a solas, y esto no significa que la familia no sea importante; pero estos espacios permiten reflexionar con mayor lucidez. Darse un aire siempre será bueno.

- La división justa de las tareas en el hogar ayuda al crecimiento individual de cada persona y le enseña la importancia de cooperar y aportar en la familia, y es necesario que las responsabilidades de cada quien sean vistas como un aporte positivo y no como una obligación o castigo.

- No busques la familia perfecta, debes aceptar que no siempre podrán estar totalmente de acuerdo en todas las opiniones y/o decisiones; además debes ser paciente, tolerante, saber pedir perdón cuando sea necesario; todo esto evitara discusiones por malentendidos que solo fracturan la buena relación de la familia.

- Cuando los problemas familiares se complican o salen de control es muy oportuno buscar ayuda profesional, aquí podrán encontrar las herramientas necesarias para mejorar su actuar y encontrar la paz y la armonía que necesitan como familia.

10. SE ORGANIZADO

"El éxito no se logra solo con cualidades especiales, se requiere de un trabajo organizado."

La organización no se refiere solo a saber dónde están tus cosas, sino que está relacionada con la forma en que llevas tu vida, tu trabajo, tu tiempo; es una conducta que permite vivir una vida estructurada y estable que nos permite ser más eficientes en lo que hacemos.

Algunas ventajas de ser organizados son:

- Aprendemos a coordinar diferentes actividades o actitudes hacia el logro de un objetivo garantizando un mayor éxito en lo que emprendemos.

- Se aprende a hacer las cosas siguiendo una serie de pasos, lo que nos lleva a ser más productivos.

- Nos permite ahorrar tiempo y esfuerzo.

- Nos simplifica la vida de manera significativa.

- Nos ayuda a estar más tranquilos y sin estrés.

Hoy queremos regalarte una serie de consejos que te ayudaran para llevar una vida más organizadas:

- Dispón de un lugar para cada cosa y acostúmbrate a regresarlo a ese lugar cuando ya no lo vas a utilizar.

- Toma un día a la semana para organizar tu lugar de trabajo, y procura mantenerlo siempre ordenado.

- Sigue una rutina, ponte horarios para cada cosa que hagas, conviértelo en un hábito.

- Cada noche tomate 10 o 15 minutos de tu tiempo para organizar las actividades que realizaras al siguiente día, y en lo posible respeta y cumple este plan de trabajo.

- Organiza no solo tu vivienda, sino también tu lugar de trabajo.

- Mantén el orden de todo, al principio se te hará un poco difícil, pero con el tiempo se te convertirá en un hábito.

11. TRATA BIEN A LOS DEMÁS

"Trata a los otros como te gusta que te traten a ti."

Toda persona merece ser tratada con respeto, existe una regla de oro que señala "No hagas a los demás, lo que no quieres que te hagan a ti". Es algo muy básico, se trata de sentir empatía, de entregar estimación, motivación, no es nada del otro mundo, reconocer al otro como una persona que debe ser respetada y valorada.

Las buenas relaciones son una fuente de satisfacción personal, tener amigos, conocidos, familia a quien podamos expresar nuestras emociones y opiniones; así como recibir su apoyo, nos hace sentir que pertenecemos a una comunidad, dándonos tranquilidad. Sin embargo, es importante cuidar estas relaciones y a continuación te brindamos algunos tips para ello:

- Llama a las personas por su nombre, esto fortalece la relación y personaliza el trato.

- Se agradecido por el tiempo que los demás te dedican, así como por los detalles que tienen contigo.

- Siempre sé muy educado, utiliza el por favor, gracias, serias tan amable, entre otras; que son palabras de consideración y amabilidad hacia la otra persona.

- Los gestos dicen mucho de ti, así que una buena mirada, tu sonrisa y los gestos adecuados te permitirán una mejor interacción con los demás, se sentirán más cómodos.

- Deja a los demás que se expresen, escucha y presta atención; déjalos que terminen de hablar, no los interrumpas, y dale valor a sus opiniones.

- Siente interés por la vida del otro, siempre y cuando sea prudente pregunta como están, cómo va la familia, el trabajo, la salud, etc. Es muy satisfactorio cuando sentimos que le importamos al otro y que se preocupa por nuestro bienestar y nuestros problemas.

- Ten buen sentido del humor, y ojo es importante que no lo confundas con burla, las personas alegres, divertidas son muy agradables, esto facilita las relaciones interpersonales.

- No descargues tu rabia, tu rencor, tu frustración o tu amargura con los demás.

12. SE PACIENTE

"El que puede tener paciencia, puede tener lo que quiera."

La paciencia es una actitud que nos permite soportar las dificultades que se pueden presentar cuanto intentamos conseguir algo. Claro está que no se debe confundir paciencia con apatía o con pasividad.

En la actualidad, vivimos a un ritmo muy acelerado, por lo que queremos todo ya, nos cuesta mucho esperar y es común abandonar lo que queremos porque no se nos da de inmediato.

Debemos tener conciencia que todo proyecto tiene su proceso, todo requiere su tiempo y no se puede precisar cuanto sea; aunque el trabajo disciplinado, la constancia y demás te ayudaran a lograrlo lo más pronto posible; pero si es indispensable tener paciencia, centrarnos en el camino y disfrutarlo.

Recuerda que una persona paciente puede ver con mayor claridad lo que sucede y podrá encontrar una mejor manera para solucionar. Esto te será de gran ayuda para alcanzar eso que tanto anhelas: El Éxito.

Cinco claves que te ayudaran a desarrollar la paciencia son:

- Solo con la práctica se desarrolla la paciencia, por eso en cada prueba que enfrentes pondrás en práctica tu capacidad de esperar y entender que todo ocurre por algo.

- Es importante que aprendas a controlar tu temperamento, si eres una persona fuerte o de mal genio, desarrollar el dominio propio no será fácil, pero podrás lograrlo, no te desanimes.

- Deja ir cada preocupación, enfócate en disfrutar cada momento que vivas, por pequeño que pueda parecerte.

- Identifica todo aquello que te produce impaciencia y deja de verlo como una carga, cambiar la forma de pensar es de gran ayuda, que tus responsabilidades no sean cargas, sino oportunidades de crecer, desarrollarse y adquirir experiencia.

- Recurrir a la oración, esto te ayuda a alcanzar un estado de paz interior y equilibrio emocional, fundamental para desarrollar la paciencia.

13. VENCE EL MIEDO A EQUIVOCARTE

"Asume riesgos, no tengas miedo a intentarlo, no tengas miedo a fallar... Equivocarse es parte del camino al éxito."

Tomar decisiones suele ser bastante complicado, porque el temor a equivocarnos siempre está ahí latente, tanto así que puede dominarnos y llegar a paralizarnos. Esta es una situación muy preocupante, porque el miedo a equivocarte, a fracasar te impide avanzar y realizarte como persona.

Existen algunas claves fundamentales para superar este temor:

- Aceptar la realidad; no puedes creer que todo está bien en la vida y que las cosas se solucionan sin hacer mayor esfuerzo; no vivimos en cuentos de hadas. Debemos aprender a ver la realidad sin que nos frustre, sin desesperarnos. Ser consciente, dar nuestro mayor esfuerzo por mejorar la situación y ser paciente nos llevara a un mejor lugar. No te desgastes en lo que no puedes solucionar.

- Entendamos que nos podremos equivocar cientos de veces al día, debo evitarlos, pero también debo adaptarme a esta posibilidad constante, así se sufre menos cuando se presentan.

- Aprendamos a darle el valor que corresponde a cada error, no todos tienen un costo tan elevado, no son precisamente una tragedia, traerán consecuencias, pero muchas tienen solución.

- De nada sirve que nos enfademos o nos llenemos de rabia o cualquier otro emoción negativa; identifiquemos la causa, la consecuencia y establezcamos las posibles soluciones. Actuar traerá mejores resultados que quejarnos y lamentarnos.

- Hay que enfocarse en la solución, los problemas, las debilidades han estado presentes siempre en nuestras vidas y no hemos muerto por ello; así que no te preocupes tanto, evalúa la situación y enfócate en corregir y/o solucionar hasta donde este a tu alcance.

- No magnifiques el error y no minimices tus posibilidades y capacidades para afrontar lo sucedido.

14. AUTOCONTROL

"El autocontrol es la fuerza, el pensamiento correcto es el dominio y la calma es el poder que te llevaran camino al éxito"

El autocontrol se puede definir como la capacidad de manejar de forma adecuada nuestras emociones, evitando que nuestras emociones controlen nuestras acciones.

También se relaciona al autocontrol con la asertividad, permitiéndonos defender nuestras opiniones y sentimientos sin herir a los demás.

Si logras un alto nivel de autocontrol tendrás mayor claridad mental, coherencia en la comunicación, mayor autoestima y tomaras mejores decisiones.

Las personas que alcanzan el éxito son personas consistentes, dedicados y muy disciplinados; pero para ello es muy importante tener autocontrol sobre tus acciones y emociones.

Para mejorar tu autocontrol te recomendamos:

- Identificar y aceptar tus debilidades; todos las tenemos, algunas más autodestructivas que otras, pero debilidades al fin de cuentas; es muy importante que seas consiente de tus debilidades, y que las aceptes. Las que puedas mejorar, trabaja para hacerlo.

- Vive el presente, pero ve planeando el futuro; a veces la falta de autocontrol surge de la prioridad que damos a vivir el presente, sin pensar un poco en lo que esperamos a futuro; no podemos preferir algo que nos haga sentir bien en el momento, pero que nos afecte nuestro futuro.

- Calcula tus perdidas, a veces desperdiciamos mucho tiempo en cosas que no nos aportan nada, hay que evaluar y ser conscientes del dinero, del tiempo que perdemos en cosas que no nos aportan nada, no nos ayudan a construir nuestro camino al éxito.

- En el día pueda que debas tomar demasiadas decisiones, es importante usar tu fuerza de voluntad de manera sabia, para ello debes hacer una lista de prioridades e ir resolviendo en ese orden.

- Toma conciencia de cada cosa que hagas, valora cada momento, reflexiona sobre que te aporta lo que estás haciendo o que deberías hacer para aprovechar al máximo tu tiempo, tus energías, etc.

- Evita las tentaciones que te llevan a perder el control.

- Crea para ti mismo recompensas y castigos por los logros obtenidos en periodos de tiempo.

- Construye expectativas positivas, imagina como seria tu conducta ideal y aprópiate de ella.

15. SE HUMILDE

"Nos acercamos a los más grandes cuando somos grandes en humildad"

La humildad es un valor muy importante y que debería estar presente siempre en todos los seres humanos, sin embargo, muchas veces se nos olvida, lo dejamos de lado y terminamos actuando de manera soberbia ante los demás.

Este es un ingrediente fundamental para alcanzar el éxito, el liderazgo humilde es más conveniente y funciona mejor.

Recuerda siempre que ser humilde no debe confundirse con ser sumiso, con someterse o dejarse humillar; ser humilde tiene que ver con pensar, entender y comprender al otro; es inclinarse por el trabajo en equipo, la escucha, la tolerancia, etc. Es reconocer las habilidades, los errores, los limites propios; dar apertura a nuevas ideas, aceptar las sugerencias, todo esto con un enfoque no egocéntrico.

Nadie lo sabe todo, por eso se requiere humildad para enseñar lo que sabes y sobre todo para aprender de otros.

Para evitar caer en el orgullo y el narcicismo y ser más humilde ten en cuenta lo siguiente:

- Evita dar valor a las personas por las cosas que posee, esto no define su valor real; cuenta su personalidad, sus principios y valores.

- La posición económica de una persona no es la forma de valorar a una persona, acude a su comportamiento, la forma en la que tratan a los demás, como se comunican, que hacen, etc.

- Apóyate en la igualdad, no podemos tener la percepción que por cualquier aspecto estamos por encima de los demás. Nadie es más que nadie.

- No siempre tienes la razón, y aunque se deben defender los punto de vista propios, también debemos tomar conciencia que no somos dueños de la razón absoluta y que los demás pueden expresarse y debemos respetar sus opiniones y puntos de vista.

- Entender, reconocer y aceptar que te equivocaste es fundamental para ser humilde.

- Evita hacer juicios de valor negativos de las personas cuando aún no las conoces, permítete conocerlas e identificar sus cualidades.

- Muéstrate accesible hacia los otros, muestra tu disposición a colaborar en medida de tus posibilidades. Mantén siempre la actitud de disposición, colaboración y solidaridad.

- Tu conducta debe ser sincera y medida, si te excedes puedes llegar a parecer soberbio y presumido.

- El agradecimiento está muy ligado a la humildad, agradece siempre todo lo que sucede en tu vida.

- Se generoso, la generosidad representa humildad en todas sus formas.

16. DEFINE TUS OBJETIVOS

"Los objetivos constituyen un reto y aportan claridad, nos indican a donde queremos llegar"

Los objetivos son los resultados deseados que se esperan alcanzar con el desarrollo de determinadas actividades; y son importantes para conseguir el éxito porque establecen la estrategia que debemos seguir para llegar a donde anhelamos.

Para definir tus objetivos, debes tener en cuenta los siguientes parámetros:

- Los objetivos deben ser medibles, porque solo así podemos evaluar el nivel de cumplimiento.

- Los objetivos deben ser realistas, es decir, que tengamos la posibilidad de hacerlos realidad.

- Los objetivos deben ser precisos, para así poder tener claro el plan de acción a seguir. Recuerda que no es lo mismo definir como objetivo bajar de peso, que decir bajar 5 kilos de peso.

- Además debes definir un límite de tiempo; establece cuando iniciaras y cuando finalizaran las acciones que emprendas para conseguir lo que te propones, así podrás medir si los estas cumpliendo y cómo va el proceso.

Definir objetivos es parte esencial de la vida y de cualquier proyecto que emprendas; por eso recuerda siempre que estos se ajusten con lo que te apasiona, con lo que haces y lo que quieres.

Para que se te haga más fácil cumplir con cualquier objetivo que te propongas hoy queremos compartirte algunas recomendaciones:

- Considera tus metas generales, pregúntate ¿Cómo quieres que sea tu vida? ¿Qué te emociona en la vida? ¿Cómo quieres pasar los años de tu vida? ¿Cómo te ves en 3, 5 10 años o más? ¿Con que tipo de personas quieres rodearte?

- Escribe tus metas y ponlas en un lugar visible, esto te las recuerda constantemente y te lleva a cristalizar exactamente lo que esperas.

- Realiza una lluvia de ideas sobre lo que quieres lograr y como lo puedes hacer, esto te ayuda a identificar pasos puntuales para hacerlo.

- Crea una ruta, un plan de acción que oriente las acciones a desarrollar, de manera que te lleve a cumplir primero una meta, luego otra y así sucesivamente.

- Piensa en tus habilidades, tus talentos, tu experiencia, tus fortalezas, las cuales te ayudaran a desarrollar cada una de las tareas que te correspondan.

- Desarrolla mentalidad de éxito, una mentalidad positiva te dará seguridad y es primordial para enfrentar las altas y bajas que encontrarás en el camino. Así te sientas cansado, desanimado, agobiado, debes seguir trabajando, pronto encontraras la luz.

- Actúa, si no tomas acción nunca cumplirás lo que te has propuesto, deja de dudar y da el primer paso.

- Toma tiempo para evaluar lo que estás haciendo, estas avanzando, ha servido lo que has planteado, felicítate por lo logrado y continua trabajando.

17. CUIDA TU SALUD

"La salud es tu mayor riqueza"

Ser exitoso no indica que debas descuidar tu bienestar, tu salud; porque precisamente no gozar de buena salud te limitara en las acciones que puedas realizar para alcanzar el éxito.

Hoy queremos regalarte las siguientes recomendaciones para que cuides tu salud y puedas llegar a ser la persona exitosa que deseas.

- Duerme bien; dormir es de vital importancia, cuando duermes bien se despeja tu cabeza, te permite estar alerta durante el día.

  > Es muy admirable que una persona esté dispuesta a darlo todo por conseguir sus objetivos, pero sacrificar su tiempo de descanso termina siendo contraproducente, es mejor organizar tus labores y dedicar el tiempo adecuado para un buen descanso.

- Haz ejercicio; el ejercicio de forma regular y adaptado a las condiciones de cada persona reduce el riesgo de padecer enfermedades, te mantiene en forma y te aleja del estrés. No es necesario que dediques muchas horas de ejercicio fuerte y extenuante, con rutinas diarias sencillas como caminar al aire libre, bailar, etc. fomentas el cuidado de la buena salud de tu cuerpo.

- Aliméntate bien; esto te permite vivir más tiempo, te da más energía, te permite pensar con claridad.

    Una alimentación saludable es aquella que le aporte a tu organismo los nutrientes esenciales y la energía que tu cuerpo necesita. Tu alimentación debe ser rica en frutas, verduras, hortalizas, cereales, legumbres y baja en grasa.

    Se recomienda consumir cinco porciones al día, con productos frescos y reducir en lo posible en consumo de azúcar y sal.

Existen muchas formas de preparar los alimentos garantizando una sana alimentación de manera que no sea aburrida, sino agradable al gusto.

No solo es importante lo que consumes, también los horarios adecuados te brindaran la energía suficiente para conquistar el día. Algunos estudios sugieren desayunar entre las 7 y 7:30 am, almorzar entre las 12:30 y la 1:00 pm y cenar entre 6 y 6:30 pm.

Estar sano no solo representa que no padezcas de ninguna enfermedad, un buen estado de salud implica que tengas bienestar físico, mental y social. Por eso evita el estrés, fomenta las relaciones sociales, comparte experiencias, comparte con los amigos y la familia, acéptate cómo eres, sonríe mucho; interactuar con otros, compartir momentos agradables te ayuda a cuidar tu salud emocional.

18. INTELIGENCIA EMOCIONAL

"Al menos un 80% del éxito en la edad adulta proviene de la inteligencia emocional"

La inteligencia emocional se define como la capacidad que posee el ser humano para reconocer sus propios sentimientos, los sentimientos de los demás, motivarse y manejar adecuadamente las relaciones con los demás y consigo mismo.

Ahora bien, los componentes de la inteligencia emocional, si son valorados por separado no representan nada nuevo; lo novedoso es integrarlos en un sistema coherente de actitudes y comportamientos que puedan proporcionar un resultado exitoso de manera individual en las relaciones interpersonales que se dan ya sea en la vida social, familiar, laboral, etc.

Existen cinco aspectos principales de la inteligencia emocional que son:

- Autoconciencia; que es la capacidad de identificar tus propias fortalezas y debilidades, así mismo te da la habilidad para capitalizar las primeras y minimizar las segundas.

- Autorregulación; que se define como la capacidad de controlar las emociones, ya sean negativas o positivas, esto con el fin de mantener un adecuado comportamiento.

- Motivación; ya que esta voluntad, empuje, entusiasmo permite ver oportunidades donde otros quizás no las vean, aprovechándolas y buscando la solución a los problemas que puedan presentarse.

- Empatía; que es la comprensión intuitiva delas necesidades de otros; la capacidad de comunicar esa comprensión efectiva. Quien tiene esta habilidad podrá desempeñarse mejor y logran desarrollar equipos de trabajo fuertes y efectivos.

- Habilidad social; que es una capacidad que permite aprovechar las relaciones sociales para promover sus ideas a través de la simpatía, la confianza y el respeto.

19. TEN MENTALIDAD POSITIVA

"Una persona positiva convierte sus problemas en retos, nunca en obstáculos"

El pensamiento positivo es clave para poder llevar una vida exitosa, la mente tiene la capacidad de procesar las diferentes circunstancias de la vida, ya sean buenas o malas.

De una u otra forma, pensar positivo representa elegir entre las diferentes posibilidades que se te presentan en el diario vivir, buscando las mejores alternativas para cumplir los retos; así podrás conseguirlos de manera tranquila y con una alta probabilidad de que los resultados sean los mejores.

El pensamiento positivo es una decisión personal, se encuentra en tus manos, si no lo has aplicado, decídete no es difícil de hacer.

Cinco trucos que te ayudan a liberarte de la mentalidad negativa y ser más positivo son:

- Expresa gratitud; esto liberta cualquier negatividad que sostengas; la gratitud te pone de inmediato en contacto con el amor, desapareciendo el miedo y cualquier otro sentimiento negativo.

- Se generoso, comparte tus habilidades con quienes te rodean, no dudes de tu valor.

- Controla tu respiración; se dice que quienes pueden hacerlo, pueden controlar su vida. Recuerda como es tu respiración cuando te enojas, pues bien; si logras controlarla podrás entender y cambiar tus emociones negativas.

- Visualiza el éxito; cierra los ojos, piensa en algo bueno que te ha ocurrido y siente todas las emociones positivas que ocurrieron; al abrir los ojos mantén este estado positivo el cual puede multiplicarse poniendo en práctica la meditación.

20. NO RENDIRSE

"Cuando sientas que vas a rendirte piensa en por que empezaste"

Cuando las cosas no salen bien, se piensa en rendirse, en tirar la toalla, creemos que por ese camino no vamos a lograr lo que esperamos; pues déjame decirte que esa no es la solución; esfuérzate, nada se gana gratis; para las personas exitosas, la palabra rendirse no existe en su vocabulario.

Siempre que se emprende algo, debemos tener conciencia de que podremos encontrarnos con obstáculos, con dificultades que impidan que el recorrido no se dé tal como lo habíamos pensado, ahí es importante mantenernos enfocados.

Otro aspecto importante es diferenciar entre la rendición y la retirada a tiempo; pues en ocasiones ya se ha dado todo y definitivamente no va a funcionar, no se obtiene el resultado esperado; ahí es mejor retirarse, tomar los aprendizajes, aprovechar la experiencia y enfocarte en otros objetivos.

El camino correcto para poder seguir trabajando en la consecución de los objetivos y no rendirse incluyen:

- La perseverancia, la confianza en las propias capacidades y en que las cosas irán bien.

- Desarrollar siempre una actitud positiva, mantener el positivismo nos ayuda a no pensar en el fracaso.

- Aceptar los cambios, debemos ser conscientes de que no podemos tener el control de todo, algunas cosas pueden cambiar, pero no debo dejar que me afecte negativamente y desistir de mi lucha. Es necesario evaluar qué medidas se pueden tomar.

- Nunca debemos dar todo por perdido. La vida está llena de oportunidades, si definitivamente no se puede hacer lo que planeamos, pues se pueden considerar otras opciones.

- Siempre se debe tratar de aprender nuevas cosas, desarrollar conocimientos que puedan contribuir en las acciones que estamos realizando, y que nos fortalezcan en cómo afrontar los problemas que puedan presentarse.

21. ADAPTACIÓN AL CAMBIO

"El secreto del cambio es enfocar toda tu energía, no en la lucha contra lo viejo, sino en la construcción de lo nuevo"

Nuestra vida es muy dinámica, siempre enfrentamos diferentes cambios ya sea en el ámbito personal, académico, laboral, profesional, etc.; y es ahí donde la capacidad de adaptarnos al cambio cobra relevancia.

Eso sí, ten claro que los cambios no representan cosas negativas; un cambio puede ser conseguir un ascenso o un nuevo trabajo, tener casa propia o mudarse a una mejor, etc. y estos cambios aunque puedan generar algo de incertidumbre, es importante que los vivías con entusiasmo.

Recuerda siempre que la mejor manera de enfrentar los cambios es hacerlo de manera positiva, madura; apartando de ti los miedos y el negativismo; sacando provecho de todas estas situaciones que indudablemente te ayudaran a crecer. Haz que los cambios que se presenten en tu vida se conviertan siempre en oportunidades para avanzar.

Aunque los cambios que enfrentes puedan incluir dejar algunos hábitos o prácticas; cambiar de entorno; debes ser flexible, tu capacidad adaptativa te puede llevar muy lejos, a la cima del éxito.

A continuación algunos consejos para que logres adaptarte a los cambios más fácilmente.

- Observa cada situación desde diferentes ángulos, analiza e investiga de qué manera puedes adaptarte a los cambios que se pueden presentar frente a determinada situación.

- Reconoce tus miedos, elabora un listado de todos estos temores, para que luego diseñes y ejecutes un plan que te permita enfrentarlos con éxito, esto incluye saber cómo actuar ante situaciones incomodas que te sacan de tu zona de confort.

- No dudes de tus capacidades, ten presente que los cambios siempre representaran oportunidades para crecer en cualquier ámbito de tu vida.

- Se flexible, date la oportunidad de visibilizar nuevas ideas, otras opciones; no se trata de dejar lo que te gusta, lo que quieres, es evaluar si el cambio que puede presentarse me va a beneficiar aún más y saber cómo abordarlo.

22. LA RESILIENCIA

"En medio de la dificultad reside la oportunidad"

La resiliencia se puede definir como esa capacidad que poseen los seres humanos cuando están enfrentando la adversidad, para superarla e incluso para salir fortalecidos de esa situación.

Ser resiliente no significa que nada te moleste, que no puedas sentir dolor emocional; sino que es esa capacidad de superar todo esto de manera exitosa.

Afrontar los problemas te permite crecer, te hace más fuerte, más maduro y podrás abordar toda condición de dificultad con mayor eficacia.

Las personas resilientes se caracterizan por:

- Aceptan la realidad tal y como es;

- Se tiene una profunda creencia de que la vida tiene sentido;

- Se tiene una capacidad inquebrantable para mejorar.

- Sabe identificar de manera precisa la causa de los problemas, para así poder evitar que se vuelvan a repetir.

- Son capaces de manejar sus emociones, sobre todo cuando llega la adversidad, pues saben enfocarse y no desgastarse.

- Saben controlar sus impulsos y su conducta.

- Son optimistas y a su vez realistas.

- Confían en sus capacidades, tienen una autoimagen muy positiva.

- Son empáticos, saben identificar las emociones de los demás y se conectan muy fácil con ellas.

23. TEN EMPATÍA

"La empatía es un secreto clave para alcanzar el éxito"

La empatía es la capacidad que nos permite comprender y comunicarnos con los demás, nos muestra otras perspectivas diferentes a la nuestra y nos hace entender que cada persona puede ver la vida de maneras diferentes; y aun así establecer vínculos solidos con los demás.

Gracias a la empatía, será más fácil que podamos entender cómo se sienten los demás, y también sabremos cómo expresar nuestros sentimientos.

Para desarrollar la empatía puedes poner en práctica los siguientes ejercicios:

- Entrena la capacidad de escuchar; es decir, que es importante prestar total atención a los mensajes que los otros nos envían; y en torno a ello es importante no interrumpir al otro, no dar constantemente nuestra opinión, escuchar el mensaje sin juzgar y fijarse en la comunicación no verbal.

- Mantén la calma y opta por la tranquilidad, un estado de ánimo relajado y abierto favorece la comunicación. El control de la respiración o la meditación aportan notables beneficios.

- La paciencia está muy ligada a la empatía, apuéstale a la paciencia, para poder desarrollar mejor esta habilidad.

- Interésate más por las emociones, así podrás ser más empático.

Esta es una capacidad que está muy ligada al liderazgo, porque la regla de cualquier liderazgo es saber escuchar, solo así puede reconocer talentos, identificar dificultades, fomentar innovaciones y formar equipos, entre otras actividades que le corresponden.

24. DETERMINACIÓN

"La determinación es el punto inicial de todo logro"

La determinación es la capacidad que te permite emprender acciones para lograr tus metas; es esa fuerza que te anima y te brinda el entusiasmo para seguir adelante superando cualquier obstáculo que se te presente.

Es sumamente importante que cuentes con una mentalidad ganadora y optimista, que aprendas a reconocer las oportunidades que se te presenten en la vida.

La determinación se relaciona con valores tales como la autodeterminación, la autonomía, la independencia y la libertad, las cuales aportan para que seamos una versión de nosotros mismos. Además se ha vinculado la determinación con algunas características específicas que son:

- Decisión; que es el primer paso para emprender cualquier iniciativa.

- Valentía; para poder enfrentarse a las diferentes situaciones u obstáculos que puedan presentarse en el camino.

- Responsabilidad, para cumplir con cada actividad, cada acción, cada trabajo requerido para cumplir los objetivos.

- Fe; porque es necesario creer, tener la confianza de que cada paso que se dé se va a lograr, va a resultar.

Para desarrollar tu determinación es importante que tengas en cuenta lo siguiente:

- Ser claro con tus objetivos; define con claridad lo que deseas lograr y analiza las consecuencias que trae para tu vida.

- Aprender de los errores, así se adquiere experiencia para poder tomar decisiones más objetivas en el futuro.

- Asume retos, no solo te sacan de la rutina sino que te aportan nuevas experiencias, mayores conocimientos, te permite conocer más personas, etc.

- Trabaja en equipo, rodéate de personas que puedan enriquecer tu perfil.

25. ARRIÉSGATE

"El riesgo es un componente necesario para el progreso"

Tomar riesgos es algo necesario para poder alcanzar las metas que nos proponemos; arriesgarte, así te equivoques te permitirá ver en que estas fallando, y así podrás tomar los correctivos necesarios para seguir creciendo.

Recuerda que no hay nada fácil y sin riesgos no habrán aciertos; y aunque todo no arroje un resultado positivo, te quedara la satisfacción de haberlo intentado y habrás descartado un camino que podías haber considerado correcto.

Por otro lado, recuerda que tomar riesgos te permitirá conocer donde están tus limites; solo así sabrás hasta donde puedes llegar, tendrás claras tus fortalezas, tus debilidades, tus capacidades.

Además, piensa que si tomas el riesgo, pueda que todo resulte bien; no puedes quedarte con la incertidumbre de que pasaría si hubiese hecho esto o lo otro… En tu mente solo debes tener presente una cosa, la cual debe estar muy clara y es la meta que deseas alcanzar.

Es momento de empezar, arriésgate por lo que de verdad desees, no le tengas miedo a nada, no tengas miedo por los errores que puedas cometer, la vida está llena de ellos, pero estos te permiten crecer y aprender.

Son muchos los beneficios que obtienes al tomar riesgos en tu vida, además de los ya mencionados se pueden destacar los siguientes:

- Te ayuda a liberarte de la vida promedio; te saca de tu zona de confort, donde sabes que estas a salvo.

- Aumenta tu confianza y la resiliencia; cada vez que intentes algo y lo logres, tu confianza aumentara y te impulsara a seguir arriesgándote por más cosas.

- Aprenderás lecciones útiles; no importa si fallas, tendrás experiencias de las cuales aprenderás grandes lecciones.

- Aumentará tu creatividad, porque al hacer cosas diferentes a las que estás acostumbrado, tu cerebro encontrara nuevas y mejores maneras de diversas situaciones.

- Abrirás tu mente a habilidades que no sabías que tenías, te permitirá crear una nueva visión de la vida

II. EXPERIENCIAS

Son muchas las personas que han llegado al éxito, sus historias pueden inspirarte para que no desfallezcas y continúes trabajando por alcanzar el éxito que tanto anhelas.

1. Bill Gates

Informático y empresario estadounidense, fundador de Microsoft, a sus 31 años ya era multimillonario, gracias al éxito de su arrollador sistema operativo el MS-DOS (1981) que evolucionaria hasta convertirse en el popular Windows 3.1 (1992) y daría lugar a nuevas y diferentes versiones de este sistema operativo, los cuales siguen presentes hasta la actualidad.

Los programas informáticos de Bill Gates han sido de gran utilidad en todo el mundo; además su empresa se ha caracterizado por ser flexible y competitiva, con atención especial en la selección y motivación del personal.

Sus innovaciones contribuyeron a la rápida difusión del uso de la informática a nivel personal, generando un rápido avance en lo que hoy se denominan las tecnologías de la información y la comunicación.

En la actualidad Microsoft sigue siendo una de las empresas más valiosas del mundo, sin embargo Gates cedió desde el año 2000 la presidencia ejecutiva de la empresa a Steve Ballmer y paso a ser arquitecto jefe de software, centrándose en los aspectos tecnológicos y dedicarse de lleno a la Fundación Bill y Melinda Gates, que es una institución benéfica dedicada a temas sanitarios y educativos cuya dotación económica procede principalmente de su fortuna personal.

2. Mark Zuckerberg

Mark Zuckerberg nació el 14 de mayo de 1984 en Nueva York, desde los 12 años mostro su interés por la programación, por lo que sus padres le contrataron un tutor privado que le enseñara más a Mark más sobre los computadores y la programación.

Estudio en una escuela preparatoria y en universidades exclusivas, se destacó no solo en sus estudios, sino también en literatura, en esgrima, programación, etc.

En 2004 se agrupo con tres amigos Dustin Moskovitz, Chris Hughes y Eduardo Saverin para crear una web que les permitía a los usuarios crear sus propios perfiles, subir fotos, y comunicarse con otros; web que recibió el nombre "The Facebook". Mark termino abandonando la universidad para dedicarse a Facebook de tiempo completo, logrando tanto éxito que a finales de 2004, Facebook ya tenía 1 millón de usuarios.

En la actualidad Zuckerberg es uno de los

emprendedores más reconocidos del mundo, no solo por crear innovaciones tecnológicas que llamen la atención y sean útiles a las personas; sino también por su sentido filantrópico. Sus donaciones a escuelas públicas y a negocios con ideas innovadoras le han dado un papel fundamental en el incentivo del desarrollo tecnológico y el aprendizaje.

3. Steve Jobs

Steve Jobs es referencia obligada cuando se habla de historias exitosas; nació el 24 de febrero de 1955 en San Francisco, California.

Su nombre vinculado directamente con la empresa que revoluciono la historia de los ordenadores personales *Apple.*

Para alcanzar el éxito Steve Jobs ha pasado por muchos altos y bajos, que incluyeron hasta la renuncia de su propia empresa debido a las tácticas más agresivas que utilizaba para las ventas.

Después de salir de Apple, creo una empresa de desarrollo de software, que después de 10 años fue comprada por Apple, donde regreso como CEO en 1997 y solo hasta 2011 unos meses antes de morir dejo el cargo.

4. Elon Musk

Elon Musk nació en 1971 en Sudáfrica, pasó su infancia entre libros y computadores; su primer emprendimiento lo desarrollo con sus hermanos al cual llamaron Zip2, que era una especie de directorio de negocios en línea, equipado con mapas. En 1999, vendieron esta empresa por valor de 307 millones de dólares.

Luego por su cuenta creo una compañía de servicios financieros en *línea X*.com, la cual en 2020 se funcionó con su principal rival **Confinity**, y tomaron el nombre de su producto principal *PayPal*, que es un servicio de transferencia de dinero en línea, de persona a persona.

EBay, que es un servicio de subastas en línea, compro en 2002 a *PayPal*, a cambio de acciones de *EBay* por valor de 1.500 millones de dólares.

Desde que Elon Musk abandono *PayPal*, se concentró en solucionar dilemas de importancia para la humanidad como son el riesgo climático, la dependencia de un solo planeta y la obsolencia de la especie humana.

Con *Tesla Motors, Solar City y The Boring Company*, se aborda el riesgo climático acelerando la transición a la electricidad limpia y al transporte eléctrico.

Space X, otro de sus emprendimientos tiene como objetivo sacar a los seres humanos del planeta, para ello concentro sus habilidades de ingeniería para diseñar cohetes y otros proyectos que le permitan cumplir con su objetivo.

Por otro lado, **_OpenAI,_** que se concentra en la inteligencia artificial para tratar el riesgo de obsolencia de la especie humana.

Elon Musk es un creador brillante, con gran visión y capacidades extraordinarias.

5. Jeff Bezos

Jeff Bezos, nació en Nuevo México el 12 de enero de 1964, formado en ingeniería eléctrica e informática es el CEO y presidente de Amazon, compañía estadounidense de comercio electrónico y servicios de computación en la nube a todos los niveles con sede en Seattle, EEUU.

Después de trabajar varios años en Wall Street, se decidió por invertir en lo que más le gustaba e inicio con su propio negocio dedicado al comercio de libros.

Su visión global y expansionista lo llevo a comercializar en Amazon una amplia gama de productos incluyendo transmisiones de video y audio.

6. Howard Schultz

Howard Schultz es el emprendedor exitoso detrás de Starbucks, marca que revolucionó la forma como la gente toma café.

Aunque tuvo una historia muy difícil, esto no fue un obstáculo para estudiar y salir adelante. Estudio comunicación y trabajó en una tienda donde los dueños de Starbucks eran clientes; ya en 1981 fue contratado como director de ventas y marketing en la cafetería; luego dejo su cargo y abrió su propia compañía de café, años después cuando Starbucks pasó por dificultades financieras, la compró.

Su visión lo llevo a no conformarse con las 6 tiendas que tenía y termino abriendo 165 tiendas; en la actualidad ya tiene más de 25.000 tiendas en más de 70 países; es la compañía de café más grande del mundo, vendiendo café elaborado, bebidas calientes, otras bebidas y otros productos como termos, tazas, café en grano, etc.

7. Andrés Moreno

Andrés Moreno, nació el de julio de 1982; es un joven venezolano que influenciado por la necesidad de saber inglés para poder comunicarse y encontrar empleo en 2007 decidió fundar **Open English**, una plataforma muy útil para aprender este idioma.

En la actualidad esta plataforma está valorada en más de 350 millones de dólares y cuenta con más de 500.000 estudiantes en todo el mundo.

Tras el éxito de Open English creo **Next U**, plataforma que brinda conocimiento y herramientas para desarrollar una formación integral que aporte a la creación de modelos de negocios competitivos y rentables.

El camino para Moreno no ha sido nada fácil, paso muchas dificultades y su experiencia le ha permitido compartir los siguientes consejos para que alcancen el éxito con sus proyectos:

- La perseverancia y no dejar de luchar cuando se tiene y se cree en una idea-

- Conocer gente, hablar y compartir ideas.

- Planificar para dar un mejor manejo a los recursos.

- Plantearse objetivos claros y que puedan concretarse.

8. Henry Ford

Henry Ford, norteamericano nacido el 30 de julio de 1863; quien tras haber recibido una educación elemental se formó como técnico maquinista en la industria de Detroit. Ford siempre se interesó por los automóviles y empezó a construir sus propios prototipos, sin embargo, sus primeros prototipos fueron un fracaso.

En su tercer proyecto empresarial, realizado en 1903 y denominado Ford Motor Company alcanzó el éxito, se dedicó a fabricar automóviles, sencillos y baratos destinados al consumo masivo de la familia promedio americana.

Ford fue un hombre con una mente muy revolucionaria, avanzada, que ideo y creo una línea de montaje de coches en masa que hasta hoy se utiliza. Su sistema de producción logró disminuir los costos de producción para coches, lo que disminuyo automáticamente el costo de los automóviles.

Además Henry Ford era muy conocido por ocuparse de sus empleados y pagarles sueldos muy por encima de lo esperado.

Su historia es muy inspiradora, principalmente porque tenía una visión global e innovadora en su mercado.

9. Warren Buffett

Warren Buffett nació en Omaha, Nebraska, el 30 de agosto de 1930; conocido como uno de los hombres más ricos del mundo.

Desde niño, fue considerado un prodigio de las matemáticas y en la memorización de los números. Estudio negocios y realizó una maestría en Economía e Inversiones.

Siempre fue muy inquieto por aprender e invertir. Probó en varios negocios mientras estudiaba, pero su trayectoria se impulsó después de haberse graduado de la universidad de Nebraska; estudiando economía en la Columbia Gradúate Business School.

Para 1959, había abierto siete asociaciones y tenía una participación de más de un millón de dólares en activos de sociedades mercantiles.

Durante décadas ha comprado y vendido empresas que pertenecen a una gran variedad de actividades económicas; ha actuado como financiero y facilitador de transacciones económicas muy importantes.

La principal influencia en inversiones de Warren fue Benjamín Graham y posteriormente Charlie Munger, quien fuese su socio de negocios.

Su filosofía de inversión es a menudo llamada "Value Investing", indica que se requiere invertir de manera pragmática y no programada. Para Buffett los inversionistas solo deben adquirir acciones que puedan mantener para siempre.

Actualmente, la mayor parte de las inversiones de Buffett se dividen en los sectores financieros y de productos de consumo básico, ha invertido en tecnología y el dinero restante se reparte en el sector salud, energía y telecomunicaciones.

10. Walt Disney

El dibujante y emprendedor Walt Disney ha pasado a la historia como un creador de sueños, ilustrador de la fantasía infantil. Nació el 5 de diciembre de 1901 en Chicago.

Walter Elias Disney fue un dibujante, magnate y visionario que se convirtió en un símbolo de la cultura norteamericana del siglo XX cuando dio vida a una de sus creaciones más importante, el ratón Mickey Mouse.

Detrás de todo su éxito y la magia que generaba estuvo siempre la perseverancia de un hombre que nunca olvido la suerte que había tenido, que supo arriesgar y apostar por sus sueños.

11. Soichiro Honda

Fundador de Honda, fue un empresario exitoso y destacado de la época dorada de la economía japonesa, que supo poner en marcha sus principios de gestión, los cuales lo llevaron a tener muchos éxitos.

Se apasiono por las carreras de fórmula 1 y por supuesto de motos, donde invirtió durante mucho tiempo. Empezó como mecánico, luego monto su propio taller y luego dio su salto más grande al crear la empresa de automóviles que lleva su nombre.

Soichiro Honda creía en el poder de los sueños, clave que lo llevo a alcanzar muchos éxitos.

12. Kevin Systrom

Kevin Systrom nació el 30 de diciembre de 1983 en Holliston, Massachusetts. Es un joven apasionado por las redes sociales y la fotografía, graduado de ciencia e ingeniería de la universidad de Stanford, trabajo dos años en Google y luego en 2006 creo la popular aplicación *Instagram*.

Durante sus días de universidad, en compañía de su amigo Mike Krieger, se inspiraron en su gusto por la fotografía y en la forma que usaban en la universidad para compartir imágenes entre los estudiantes, para desarrollar una plataforma que se denominó *instagram* y que ha conquistado a miles de personas.

El éxito de esta aplicación ha sido tal, que en 2012 Facebook la compro por un valor de US$1.000 millones.

13. Otras historias

- **Phil Knight.** Fundador de Nike, en sus inicios quiso triunfar como deportista, pero se dio cuenta que no tenía el nivel para triunfar en ello, por lo que encontró en el comercio a nivel mundial de zapatillas deportivas la oportunidad de seguir vinculado al deporte y ganarse la vida. Fue el primero en utilizar la imagen de grandes deportistas para promocionar su marca.

- **Ray Kroc.** Fundador de Mc Donald's. Aunque propiamente dicho no fue quien fundo la empresa, fue quien tuvo la visión y convenció a los dueños de Mc Donald's de apostar por el modelo que ha hecho el éxito de la multinacional.

- **Carlos Slim.** Presidente de Telmex. Es uno de los hombres más ricos del mundo; el símbolo de los mercados emergentes de Latinoamérica. Construyo su fortuna gracias a las telecomunicaciones con la empresa Telmex. Ha planteado dos consejos muy importantes para quienes desean trabajar por crecer y estos son el optimismo y la austeridad, los cuales aplica en su vida diaria.

- **Robert Woodruff.** Presidente de Coca Cola, llego a esta empresa cuando la empresa ya llevaba muchos años, durante su presidencia convirtió la empresa en la marca mundial y líder indiscutible del sector.

III. GLOSARIO

- **Aceptación.** Capacidad del líder para crear un estado de ánimo positivo que se manifiesta así: "Evalúo que hay posibilidades que no están abiertas aquí para mí y lo acepto". La aceptación está asociada a otros rasgos del liderazgo que la potencian, tales como confianza, empuje, decisión, seguridad, etc.

- **Aptitud.** Capacidad que tiene el líder en el desempeño de los conocimientos propios del liderazgo. Está asociada a otros rasgos como la voluntad, decisión, entrenamiento, aprendizaje permanente, etc.

- **Autoconfianza.** Capacidad de los líderes para desarrollar convicción personal y creencia firme en la consecución de un logro, fin o meta.

- **Capacidad.** Talento y aptitud que posee un líder para conducir a su organización a la consecución de la misión compartida.

- **Capital.** Son los fondos aportados por cada uno de los integrantes se dividen en acciones de igual valor nominal.

- **Carisma.** Capacidad de los líderes de conectar y comunicarse con otras personas y sus seguidores, suscitando influencia, motivación, admiración, magnetismo.

- **Dirigir.** Capacidad de los líderes para conducir a un grupo de personas hacia un fin o una meta.

- **Discernir.** Capacidad de los lideres para distinguir algo de otra cosa, señalando las diferencias que hay entre ellas; es útil para tomar decisiones, establecer prioridades y distinguir lo importante de lo urgente.

- **Emprender.** Capacidad de los líderes para acometer una obra, iniciativa o proyecto con vocación de transformación, trascendencia o legado.

- **Enfoque.** Capacidad del líder para producir claridad y dirección al objeto de que las personas del equipo trabajen con sentido y criterio en la consecución del logro compartido.

- **Entrega.** Etapa del ciclo de trabajo en el que el proveedor entrega el trabajo al cliente; y este evalúa si se ha realizado correctamente o no, termina con la declaración de satisfacción o no por el cliente.

- **Equipo.** Congregación de personas que un líder crea para conseguir un fin común donde cada una de ellas desempeña un rol que es comprendido por el resto de miembros.

- **Esfuerzo.** Capacidad de los líderes para emplearse con energía y fortaleza emocional para conseguir el propósito compartido con la determinación de vencer las dificultades.

- **Hábitos.** Capacidades adquiridas por los líderes mediante la repetición de actos y comportamientos que definen el conjunto de rasgos del liderazgo.

- **Humildad.** Capacidad del líder para reconocer sus propias limitaciones, apertura permanente al crecimiento y mejora continua, asunción de los logros de la organización como patrimonio de todos.

- **Ideas.** Capacidad de los líderes para producir representaciones mentales a partir de las cuales desarrollar cursos de acción.

- **Integridad.** Capacidad de los líderes para actuar de una forma recta e intachable en el camino de conducir a la organización a la consecución del logro compartido.

- **Liquidez.** Es la capacidad para hacer frente a las obligaciones económicas.

- **Logro.** Capacidad del líder para conseguir llevar a la práctica la misión de la organización.

- **Motivación.** Capacidad del líder para utilizar sus preferencias más profundas para orientarse, tomar iniciativas, impulsar la acción y ser efectivo en el camino hacia el logro.

- **Riesgo.** Posibilidad de que se produzca un contratiempo o una desgracia, de que alguien o algo sufra perjuicio o daño.

- **Perspectiva.** Capacidad del líder para desarrollar una visión y análisis global para hacer una representación mental del camino recorrido, los avances y el itinerario a seguir para alcanzar el logro.

- **Planear.** Capacidad del líder para establecer planes o proyectos. El líder establece el plan a partir de la visión / misión compartidas, definiendo las actuaciones, su marco temporal y los objetivos a conseguir.

- **Plan de Negocio.** Es un documento que detalla los objetivos de la empresa, así como el método que se utiliza para cumplirlas. Es una gran herramienta para destinar de manera adecuada y sin riesgos los recursos que tenga presupuestados para su uso.

- **Proyección.** Capacidad de los líderes para impulsarse hacia el futuro en el foco del proyecto, ubicarse mentalmente en el futuro para analizar la realidad desde esa perspectiva.

- **Recursividad.** Capacidad de los líderes para organizar todos los recursos con los que cuentan y dirigirlos al logro.

- **Respeto.** Capacidad de los líderes para mantener una relación de consideración y deferencia con las personas de su equipo, organización o seguidores.

- **Servicio.** Capacidad del líder para orientar sus acciones a la satisfacción de necesidades, aspiraciones y deseos de las personas de su organización, equipo y seguidores en el marco de la visión y misión compartidas.

- **Sinergia.** Capacidad de los líderes para unir personas, intereses, fuerzas, recursos… al objeto de lograr la mayor efectividad para el logro del propósito compartido.

- **Spin-Off.** Se trata de una sociedad mercantil que se conforma a partir de los trabajos que lleve un departamento o área de investigación.

- **Startup.** Es un equipo de trabajo que desarrolla productos o servicios innovadores con gran demanda en el mercado y que se enfoquen completamente en las necesidades del cliente al que quieren satisfacer.

Made in the USA
Coppell, TX
29 January 2024